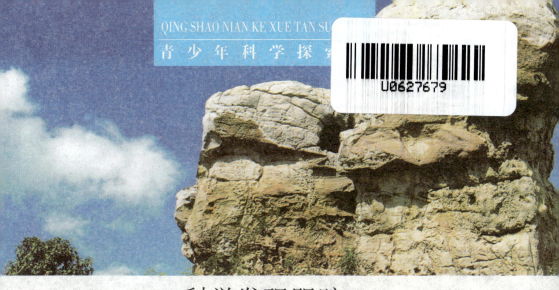

科学发现跟踪

余海文 编著　丛书主编 郭艳红

地理：把圆圆地球看透

汕头大学出版社

图书在版编目（CIP）数据

地理：把圆圆地球看透 / 余海文编著. -- 汕头：
汕头大学出版社，2015.3（2020.1重印）
（青少年科学探索营 / 郭艳红主编）
ISBN 978-7-5658-1673-4

Ⅰ．①地… Ⅱ．①余… Ⅲ．①地理—世界—青少年读
物 Ⅳ．①K91-49

中国版本图书馆CIP数据核字(2015)第027368号

地理：把圆圆地球看透　　　　　　　DILI：BA YUANYUAN DIQIU KANTOU

编　　著：余海文
丛书主编：郭艳红
责任编辑：邹　峰
封面设计：大华文苑
责任技编：黄东生
出版发行：汕头大学出版社
　　　　　广东省汕头市大学路243号汕头大学校园内　邮政编码：515063
电　　话：0754-82904613
印　　刷：三河市燕春印务有限公司
开　　本：700mm×1000mm 1/16
印　　张：7
字　　数：50千字
版　　次：2015年3月第1版
印　　次：2020年1月第2次印刷
定　　价：29.80元
ISBN 978-7-5658-1673-4

前言

　　科学探索是认识世界的天梯，具有巨大的前进力量。随着科学的萌芽，迎来了人类文明的曙光。随着科学技术的发展，推动了人类社会的进步。随着知识的积累，人类利用自然、改造自然的的能力越来越强，科学越来越广泛而深入地渗透到人们的工作、生产、生活和思维等方面，科学技术成为人类文明程度的主要标志，科学的光芒照耀着我们前进的方向。

　　因此，我们只有通过科学探索，在未知的及已知的领域重新发现，才能创造崭新的天地，才能不断推进人类文明向前发展，才能从必然王国走向自由王国。

　　但是，我们生存世界的奥秘，几乎是无穷无尽，从太空到地球，从宇宙到海洋，真是无奇不有，怪事迭起，奥妙无穷，神秘莫测，许许多多的难解之谜简直不可思议，使我们对自己的生命现象和生存环境捉摸不透。破解这些谜团，有助于我们人类社会向更高层次不断迈进。

　　其实，宇宙世界的丰富多彩与无限魅力就在于那许许多多的难解之谜，使我们不得不密切关注和发出疑问。我们总是不断地去认识它、探索它。虽然今天科学技术的发展日新月异，达到了很高程度，但对于那些奥秘还是难以圆满解答。尽管经过古今中外许许多多科学先驱不断奋斗，一个个奥秘被不断解开，推进了科学技术大发展，但随之又发现了许多新的奥秘，又不得不向新问题发起挑战。

宇宙世界是无限的，科学探索也是无限的，我们只有不断拓展更加广阔的生存空间，破解更多的奥秘现象，才能使之造福于我们人类，我们人类社会才能不断获得发展。

为了普及科学知识，激励广大青少年认识和探索宇宙世界的无穷奥妙，根据中外最新研究成果，编辑了这套《青少年科学探索营》，主要包括基础科学、奥秘世界、未解之谜、神奇探索、科学发现等内容，具有很强系统性、科学性、可读性和新奇性。

本套作品知识全面、内容精炼、图文并茂，形象生动，能够培养我们的科学兴趣和爱好，达到普及科学知识的目的，具有很强的可读性、启发性和知识性，是我们广大青少年读者了解科技、增长知识、开阔视野、提高素质、激发探索和启迪智慧的良好科普读物。

目 录

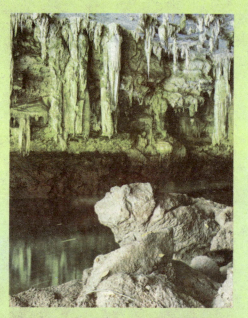

神奇有趣的龟山

湖北武汉的龟山

相传大禹治水到此，遇一水怪作乱，数载不克，后得灵龟降伏水怪，治水成功。后灵龟化为一山，即龟山。在龟山东端，有禹功矶，禹王庙，摩崖石刻等古迹；晴川阁遗址在禹功矶上，与蛇山矶头上的黄鹤楼隔江相望，"为三楚胜地，千古巨观"。

龟山原名大别山，后又称鲁山，因为东吴大将鲁肃的衣冠冢在此。这个名字一直沿用至明代。

明朝的皇帝极其崇奉玄武，封玄武为帝。玄武龟形，时任湖北巡抚的王俭不知是灵感，还是听了别人的主意，将鲁山改名龟

山，奏请朝廷，自然得到批准。于是鲁山就称龟山，隔江相对的黄鹄山就称为蛇山。

这一改也真改得好。不仅黄鹄山蜿蜒如蛇，鲁山蹲伏如龟，而且顿见出武汉三镇风水气脉贯通，不同凡响。

在龟山的西面，建有向警予墓。墓呈圆形，白色，基环方围。在月湖侧畔，建有古琴台，又名伯牙台。

相传古时伯牙在此鼓琴，钟子期能识其音律。子期死后，伯牙失去了知音，即破琴绝弦，终身不复鼓琴，后人感其情谊深厚，特在此筑台以资纪念。据记载，此台北宋时已有，清嘉庆年间重修，后颓败，新中国成立后修复。龟山的地形可谓得天独厚。它一边临长江，一边临汉江。长江这边与蛇山隔江相望。汉江那边与汉口江滩相对。最妙的是汉江从它的一侧包抄过来，就在它的脚下与长江汇合，形成一个三角地，名为南岸嘴，风景极为壮观。

山东省宁阳的龟山

位于山东省泰安市宁阳县鹤山乡，外形如一只爬行中的乌

龟。有神话说它原本是天宫中的龟将军，因其违反天条被贬下界投胎为乌龟，但在人世间依然兴风作浪，危害人间。

碧霞元君欲说服教育，哪知其不知悔改，往南逃走。无奈碧霞元君在其前方扔下一个山丘，名曰挡龟岭，挡其去路，龟泣血而死，化身为龟山。

其山石呈红色，又名龟血石、龟山石、鹤山石，分布在山东省泰安市宁阳县鹤山乡龟山、鹤山南麓，储量极少，分布不均。西部石质较软，适于制作茶具；东部石质较硬，适于制作砚台。

龟山砚具有坚而不顽、柔中有刚、滑不拒笔、涩不滞墨等特点，并且上布金星，极为珍贵。有"研笔如锉、化墨如油，隔宿不漏"之美誉，历来为文人墨客所推崇。

由于紧邻曲阜，古代流传有"圣人府前卖过砚"之说，证明了当地人对龟山砚的喜爱。

湖北麻城的龟峰山

龟峰山人文历史悠久、丰厚，"神龟吞日"的神话将历史带进洪荒远古，"柏举之战"的春秋吴越争霸史实则将2500年的烽火弹指在一挥之间。

魏武帝曹操、唐太宗李世民、明太祖朱元璋、太平天国英王陈玉成、清代廉吏于成龙等历史人物都在此留下斑斑踪影。因此，这里自古便是名人雅士风云际会的胜地，如今更是城乡游客流连忘返的天堂。

河南信阳的龟山

位于河南省信阳市浉河区五星办事处，距市区5000米。为信阳四大名山之一，海拔162.2米，因其外形像龟，故名龟山。龟山处在浉河与界河的交汇处，两河水从山下流过。每逢冬雪过后天气转晴之时，站在高处或河边眺望，龟山酷似一只玉堆甲背的巨龟在河边昂首眺望，龟山晴雪是古代信阳八景之一。

清代诗人郭际雍赞道："日观冰花聚，龟山态不群。纨妆浮雾色，玉甲带寒云。烟淡遥岚楼，晶明近郭分。东郊堪纵眺，旷与令人醺。"

山东枣庄的龟山

位于山东省枣庄市区东北16千米的孟庄镇境内，紧濒国家级森林公园抱犊崮，西、南两面群山环抱，含龟山、蛇山、黄山三山，面积约 6000亩。

枣庄的龟山是因山体形状酷似伏卧龟而得名的，龟山海拔300余米，山顶周围悬崖峭壁，密布历代绿林豪杰设置的旗杆眼座，只有南、北两面可自然上下。

龟、蛇二山之间有龟山窝泉，泉水顺山涧而下，"叮咚"作响。山上还有清朝嘉庆年间木乃伊古墓一座及龟山寺遗址一处，山西侧山崖有多处自然溶洞，洞内有形态各异的钟乳、石笋等，是山东省著名的地质公园。龟山上还有始建于唐代的龟山寨，据

传为唐代名将罗成建造，经过历代重修扩建，其规模不断扩大。战乱期间，山下百姓为了逃避灾祸，纷纷投靠龟山，寻求庇护，逐渐形成村落。据传，山上当时居住着上百余户人家，他们均在山上吃喝，基本过着与世隔绝的生活。如今，数百年过去了，山上的石磨、石碾、蓄水池、烛台等物品虽历经沧桑，却遗迹犹存。

延 伸 阅 读

　　《龟虽寿》是东汉著名文学家、军事家、政治家曹操创作的一首乐府诗，作品富于哲理，阐发了诗人的人生态度。笔调兴致淋漓，有一种真挚而浓烈的感情力量。写这一组诗时，曹操刚击败袁绍父子，平定北方乌桓，踌躇满志，乐观自信，充满了建功立业的豪情壮志。

浑然天成的镜子岩

发现镜子岩

　　1648年，一个埃及商队从非洲利比亚乌里巴沙漠经过，他们带着许多名贵的货物。但走入一个名叫"奇买"的沙区后，却发现前面的一座大砂岩前出现了黑绰绰的人群，他们以为遇到了强

盗，便立刻拿出各自的武器准备抵抗。可就在这时，前面的人群也都拿起武器迎面扑来，而且来势更加凶猛。商队一见，被吓坏了，就一起后撤逃跑。

其实，这是一座朝西南方向的岩壁，被风沙长期磨得如同镜子一般平滑。由于光的折射，使它成为一座天然的镜子，能照出人来。怪不得商队被吓坏，他们看到的其实是他们自己在镜子岩的影像。

我国镜子岩的传说

我国江南洪江的雄溪村有一座山，就叫镜子岩。镜子岩在洪江很有名，据说镜子岩能照人。雄溪村有百十户人家，老百姓买不起铜镜，村里的女人喜欢到这里来照镜子，尤其是出嫁前都要到镜子岩来打扮。

传说，当年王昌龄离开江宁，前往龙标县赴任龙标县尉。当他一路逆长江、跨洞庭、再朔沅江而上到龙标时，闻得雄溪有一镜子岩，便吩咐船家到雄溪村停船。

这天午时，船到了犁头嘴，王县尉上了岸。他们行到岩前，岩中映出诗人憔悴的模样，王县尉不由仰天长叹。当诗人正感叹之时，镜子岩上的诗人的一颗红心呈现在人们眼前。这下，诗人不禁大为惊诧。说来也巧，自从王县尉照过镜子岩并照出红心以后，无论是谁，一照都可以见到自己的心。凡作恶多端的人照镜子岩时，镜子岩上的心准是黑的。

许多年过去了，有一位皇帝在出巡江南时专程赶到洪江来看镜子岩。他以为自己是九五之尊，爱民如子，宝镜

中的心一定是又红又大。谁知道当他登上山，对着镜子岩照自己时，镜子岩上的心是一堆杂乱的炭坨。皇帝龙颜大怒，命人杀了七七四十九只狗，将狗血遍洒宝镜，又令人放火烧镜。从此镜子岩上裂痕斑斑，黯然失色，没有了以往的光泽。

延 伸 阅 读

在张家界过"闺门峰"沿溪而下约500米处有一座高约400米，孤标直立、雄奇挺拔的奇峰，名"金鞭岩"。金鞭岩是武陵源著名景点，峰体上细下粗，四棱分明。棱面布满节理横纹，形成鞭节，浑如一根竖插大地的长鞭。每当夕阳晚照，鞭身涂金，熠熠闪光。

巧夺天工的奇石

河南省发现奇石

1997年1月11日，河南省杞县青年农民王明善在一个沙滩上捡到一块怪石。此石鹅蛋大小，形如元宝，呈褐色，圆润如玉。

更让人称奇的是，其较大的一头正面是一只猛虎头像，右边是一雄狮头像，两者上方居中是一龙头，可谓"三雄鼎立"。

较小的一头正中是一大猴头，上下各一小猴头，其右侧有山有洞，山上有花有果，山洞周围有几只小猴戏耍。

两侧为"龙凤呈祥"图案，一侧有数条蛟龙盘绕，另一侧是一只凤凰展翅欲飞。观石头上面的凹处，有喜鹊闹梅、雄鸡报晓、熊猫戏竹等图案。此石中景物栩栩如生，令人赞叹不已。

这块石块究竟是自然形成，还是人工巧雕的呢？还需要进一步考证。而此杞县的奇石奇就奇在其图案的玄妙上，仅仅有如鹅卵之大的一块元宝状石头上

竟然有"三雄鼎立"内容的图案。还有龙又有凤，有猴又有鸡，有喜鹊又有熊猫，真可谓是鬼斧神工之作。

什么是奇石

奇石，是指形状不一般的石头，其材质、造型、色彩及花纹不同寻常，能够满足人们的猎奇或审美习性，可供观赏把玩，或者出于赏玩目的的买卖经营。

奇石的基本看点和主打卖点是一致的，皆属自然天成。

奇石在我国又被称为怪石、雅石、供石、案石、几石、玩石、巧石、丑石、趣石、珍石、异石、孤赏石等，我国的台湾及港澳地区称"雅石"，日本称"水石"，韩国称"寿石"。从广义上来讲，凡是具有观赏价值的自然石均可称为奇石。

天然奇石的界定

有人认为由地壳运动而形成的自然的石头，大至奇峰奇岩，小至数寸卵石，都可能被视为天然奇石。

也有人认为，天然奇石主要是指有观赏价值的石质艺术品，包括造型石、纹理石、矿物晶体、生物化石、纪念石、盆景石、工艺石、文房石等，体量上有大中小之分。它们以奇特的造型，美丽的色彩及花纹，细腻的质地，产量又比较稀少而受到人们的喜爱。

　　还有人认为，天然奇石是一种缩景艺术，以自然形成，毫无人为雕琢造型或修饰为基本原则，仅限于在室内观赏，并易于收藏。

奇石的分类

　　我国地大物博，物产丰富，因此奇石的种类也有很多，但运用科学的分类大致可分为如下几种。

第一类是天然风景石。如黄山的飞来石、云南的石林、桂林的骆驼石、福建平潭的石海狮礁石等。

第二类是庭园景石。如太湖石、斧劈石、灵璧石等。

第三类是盆景石。如制作大中小型盆景用的石材。

第四类是石工艺。是以某些天然观赏石为原料，以人工加工为主成形的工艺品：如石刻、石雕、石砚、印章等。

第五类是以室内陈列布置或几案摆设为主。独立观赏，以自然形成要素，形体较小，精美别致，可以移动，并配有盘、盆、

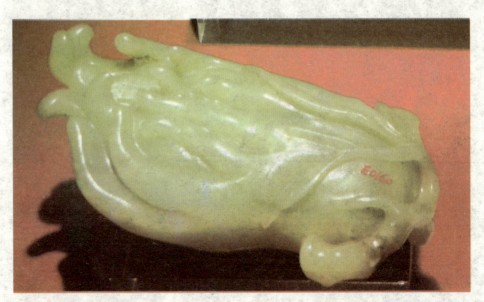

座、架、锦盒之类的附属物。是具有较高的观赏和收藏价值及文化艺术品位的石质艺术品。

奇石的收藏和鉴别

奇石的天然性：奇石是大自然的产物，所以是天然生成的。奇石的稀有性：奇石之所以为奇，就是因为它稀有、罕见、异乎寻常。奇石的完整性和完好度：只要是天然形成的，什么样的奇形怪状都不是奇石的缺损。奇石的美感和收藏价值：一般来说奇石的收藏价值与其赏玩价值是密切相连或呈正比例的。奇石的体量和硬度：作为收藏的奇石，虽然或大或小，但是至大也要区别于山峰，不包括那些只能存在于大自然中的奇形怪石。

收藏奇石的好处

奇石不仅是一种形象艺术，也是一种心境艺术，人们从一块块冰冷的石头身上不仅能够领悟出宇宙自然界的神奇多姿，还能丰富心灵，从"奇石王国"里探索出天然艺术的妙趣和生命自然的本质。

　　总之，收藏奇石的好处有很多：一是可陶冶情趣；二是通过繁荣的市场经济，在贸易中增加收入；三是育人育己，奇石的文化内涵和自身的美不仅能使人从中得到美的享受，而且能令更多的人在其美的艺术氛围中得到启迪和教育。

延　伸　阅　读

　　行家认为，评价奇石的收藏价值可从形、色、质、纹4个方面入手。形，要求石形完整，多姿多态，风情万种；色，以色艳为上品；质，以坚为要，以硬为妙，手感润滑细腻为上；纹，要求图纹清晰，质纹流畅，线条柔和。

会唱歌的响石

发现会唱歌的石头

　　我国重庆市巴南区丰盛镇有一块坡度不大并且很平常的山地，叫紫云地。它平时没有异样，但每到雨天或者起风的日子，紫云地就会显现出别样的风情，石头就会传来各种奇妙的声音：有时像鸟叫，有时像鹰鸣，有时像女高音……响石和普通石头混杂在一起，

小的如蚕豆，大的如油橙，他们的外观、颜色上并没有区别。

　　据说这里曾发现重达十多千克的响石，要双手合抱才能摇动发声。会唱歌的石头被当地人分为两种：一种是石头体内含有颗粒，当地人称为"石响石"；一种是石头体内含有液体，则被称为"水响石"。会唱歌的石头在这里虽然遍地都是，但石响石很多，水响石却很罕见。两者发出的声响的差异当地人也不是十分清楚。

响石地带特点

　　重庆市巴南区丰盛镇地底属于喀斯特地形，中国洞穴探险协会曾在丰盛镇地下发现过成片的石林。这里地下河系统密布，天坑、漏斗、溶洞成群，构成一个神秘的地下世界。

而石灰岩中的碳酸钙遇水易溶，使得岩石内部体积缩小，出现空腔的可能性增大，这正是形成响石的必要条件。

而长期频繁的水脉升降让石灰岩中的碳酸钙循环消失，出现的过程加速，使岩石内部体积变小的过程更加频繁，这也是形成大面积响石带的原因。

在丰盛镇有眼泉水，名叫"三潮水"，意思即每日起落3次，这恰好说明当地地下水的消长频繁。

实验和结论

当地人发掘响石是从距离地表2米至3米的红土层内挖出来的，而且挖出的石头基本类似于恐龙蛋那样的累积分布。

在那样的地下石头堆中，只有2块至5块是能摇出声音的响

石，其他的没有任何反应。

把没有反应的石块砸破，发现每块石头里面都是空心的仓室，内含物各自不同：有黏土、淤泥、含水量极高的软泥块、水、小石块……

当地人挖出响石以后，拿走了能摇出声响的石头。而在以后的几天内，却有人在挖掘响石的土堆里又捡到了新的响石。有些石头被发掘出来后本来是摇不响的，当把这些摇不响的石头拿到火上去烤，烤一阵后就会出现石响石，甚至水响石。

水响石内的液体很难在岩石失水的过程中保留下来，而石响石中的石头等颗粒保留相对更容易，所以两者的比例差距极大。比较两者发出的声音，也会很容易辨别两种响石。

石响石内部因为含有颗粒，所以敲打时发出的声音清脆；而水响石含有液体，所以声音略显浑厚。雨夜里，响石最奇，石头被雨滴敲打，发出"觥觥"的声响，似悲凉的秦腔；若节奏快了，则凄厉哀伤，如蒙冤窦娥的呐喊。

响石的形成机理

响石的形成机理是这样的：含菱铁质的泥质岩层里分布着一些土质结核。当结核因某种情况露出地表后，菱铁质逐渐渗出外溢，并在结核外层形成褐铁矿壳，内部泥质因失水而体积缩小，并在泥质体与外壳之间形成空心，所以能在敲击时发出声响。

另外，在大风怒吼的时候，有的响石表面长期因风化作用产生裂缝，而空气在这些裂缝中急速通过，就会产生调高而急促的声音，犹如我们在吹笛子时，笛子能够发出各种响声一样。 当石

头被雨滴敲打的时候，它又会因为雨点落下的速度产生不同的效果。雨缓的时候，声音相对平和、悠远，雨急的时候，声音则出现频率加快、音波叠加的效果，使人听不真切。

尤其是在雨夜的环境中，人们的心理容易出现各种奇特的联想，自然也就产生了类似有人喊冤的幻觉了。

延　伸　阅　读

常见的响石，一般为木鱼石质，即褐铁矿结核，如山东的木鱼石、北京的锅底石、金陵石罐、河南的药王石、新疆的石铃铛，等等。各种结核石，例如，铁质、锰质、硅质、磷质、钙质、锶质（天青石）和石膏等，都有可能形成响石。

名不虚传的变位石

会走路的石头

俄罗斯普列谢耶湖东北处有一块能够自行移动位置的"变位石"。

该石呈蓝色，直径近1.5米，重达数吨。近300年来它已经数次变换位置。自1840年蓝色怪石出现在普列谢耶湖畔后，如今它

向南移动了数千米。

17世纪初，人们在阿列克赛山脚下发现了这块会走路的巨石，后来人们把它移入附近的一个挖好的大坑中。数十年后，蓝色怪石不知何故却移动到了大坑边上。

1785年冬天，人们决定用这块石头建造一座新的钟楼，同时也为了压制它。

当人们在冰面上移动它时，不小心将它坠落湖底。而至1840年末，这块巨大的蓝石竟躺在普列谢耶湖岸边了。

科学家们对这一奇特的现象进行了长时间的分析研究，但始终未能解开其中的奥秘。

奇怪的航行石

死亡谷国家公园有太多的奥秘，其中就包括自然界最奇怪的现象：石头会走。

在那近乎干枯的赛马场盐湖床上，石头们趁人不注意，就会走起来。

科学家们是凭借石头在其身后的地上留下的痕迹才知道它们在动，其实他们自己并没看见。

当然，我们不能完全排除有人恶作剧的可能性，但至少确实有些石头在移动。

赛马场盐湖不常下雨，常下雨的时候湖水会泛滥。石头们并不会浮起来，但对石头移动的解释就归结为，由于潮湿的石头下面的泥变得湿滑，大风吹来的时候就更容易推着石头前进。

另外一个解释是，暂时沉积的水会结成大面积的薄冰，有助于风力的反射和集中，更容易推动石头前进。要想推动石头，风力需要达到至少每小时100千米。这就是为什么有时人们把这些石头称为"航行石"的原因。

无独有偶，在美国加州的死谷名胜区也有一种"会走路的石头"。

这些石头散落在龟裂的干盐湖地面上，大小不一，外观普

通，奇怪的是每一块都在地面上拖着长长的凹痕，有的笔直，有的略有弯曲或呈"之"字形。这些痕迹看来是石头在干盐湖地面上自行移动造成的，有些长达数百米。石头怎么会移动呢？

　　加州理工学院的地质学教授夏朴经过多年研究，找出了其中的奥妙。他选了30块形状各异、大小不一的石头，逐一取了名字，贴上标签，并在原来的位置旁边打下金属桩作为记号，看看这些石头会不会移动。

　　结果不到一年的光景，除了两块以外，其余的都离开了原来的位置。有一块还移动了多次，共"走"了200多米，另一块石头一次就走了230多米。

　　夏朴研究了石头的"足迹"，并查核当时的天气情况，发现石头移动是风雨的作用，移动方向与季风的方向是一致的。

　　盐湖每年的平均雨量很少，但是即使微量雨水也会形成潮湿的薄膜，使坚硬的黏土变得滑溜。这时，只要附近山间吹来一阵强风，就足以使石头沿着湿滑的泥面向前滑动。

延 伸 阅 读

　　沙漠中的流动沙丘是一个神奇、恐怖的魔幻世界。它可以在一夜之间把曾经的城池裸露出来，也可以在一夜之间埋葬一处水塘。

令人恐惧的杀人石

神秘的地方

在非洲马里境内有一座耶名山。山上<u>丛林莽莽</u>，林中活跃着各种鸟兽，生机勃勃。然而，在耶名山的东麓却是死一般的沉寂，这是为什么呢？

事实上，耶名山是一个神秘莫测，令人闻之色变的地方。当地的土著居民对这个地方既恐惧、厌恶，又非常敬畏。1967年的春天，耶名山发生了强烈地震。其东麓在震后显现出一种奇幻的

景象，驻足远观，东边会出现淡淡的光晕，若在雷雨天，这光晕的颜色便会加深许多，绮丽多姿。

这个奇异现象引起了人们猜测，有人说那里藏着历代酋长的无数珍宝，从黄金铸成的神像到用各种宝石雕琢的骷髅，应有尽有，神秘的光晕就是震后从地缝中透出来的珠光宝气。这个说法究竟是真是假，谁也不能证实。

传说越来越多，神乎其神，于是那里便变成了探宝人的圣地。奇怪的是，许多野心勃勃的探险家在进入山间谷地之后就再也没有出来。自此，就再也没有人敢进去了。

实地考察

1986年8月，一支地质勘察队进入耶名山东麓，对其进行实地考察。8名考察队员一进入山麓的腹地便发现山野上卧着许多尸体。这些尸体身躯扭曲，口眼歪斜，表情痛苦。

从尸体上看，这些人已经死去很长时间了，但奇怪的是在这炎热的地方，尸体竟没有腐烂。

这些人可能是寻找珍宝的探险者，可是他们为什么会莫名其妙地死去呢？

巨大的疑惑与无形的恐惧在考察队员的心中滋长。正在这时，一名队员在搜索中发现从地缝间射出的一道亮眼的光芒。难道真是传说中的珠宝吗？

考察队员在队长的带领下动手挖掘。1个小时后，一块重约5吨的椭圆形巨石呈现在大家眼前。这块巨石呈半透明状，上半部微蓝，下半部泛着金黄，整块石头散发着炫目的光晕，亦真亦幻，实属难得一见的奇石。

探险队员们费了九牛二虎之力把巨石挪到土坑边上。这时，队员们忽然发现自己四肢发麻、视线模糊，继而开始手脚抽搐，相继倒下。队长因为在一旁指挥，没有亲手摸到奇石，只是感觉一阵眩晕。他不由得想起那些死因不明的尸体，浑身不禁一颤。为了救同伴，队长强拖着开始麻木的身体，摇摇晃晃地向山下走去，准备叫人救援。

　　刚走下山，他便支持不住晕倒在路边。过路的人发现后把他送进了医院。经医生检查发现，他受到了某种物质的辐射，由于程度较轻并无大碍。有关部门立即派出救援队赶赴山上抢救其他7名探险队员，可是其他的队员就没那么幸运了，他们由于遭受了强烈的辐射，都未能保住性命。而那块使许多人丧命的"杀人石"却从陡坡上滚下了无底深渊。

科学家推测
　　科学家们想解开巨石之谜，但因找不到实物而无法深入研

究，"巨石杀人"最终成为一个悬案。

有人推测，马里耶名山上的奇石和印度尼西亚的矿石都有条致命的武器放射线。放射性元素能够自发地从不稳定的原子核内部放出粒子或射线，如α射线、β射线、γ射线等，同时释放出能量，其中的α射线实际上是氦元素的原子核，由于它质量大、电离能力强和高速的旋转运行，所以是造成对人体内照射危害的主要射线；β射线是负电荷的电子流；γ射线是类似医疗透视用的X射线一样，波长很短的电磁波，由于它的穿透力很强，所以是造成人体外照射伤害的主要射线。

β射线的速度接近光速，α射线的速度大约是光速的1/10，电离强度是β、γ中最强的，但穿透性最弱，只释放出α粒子的放射性同位素，在人体外部不构成危险。

然而，释放α粒子的物质，如镭、铀等一旦被吸入或注入，那将是十分危险。它能直接破坏内脏的细胞，使人死亡。而那块

石头正是含有放射性元素的矿物质。它美丽的外形和炫丽的色彩使发现的人失去戒心，近距离地接近它，从而遭受到强烈的辐射。但这些还只是一种推测，因为没有确凿的证据，所以"石头杀人"还是一个未解之谜。

延 伸 阅 读

"石头杀人"的神秘现象在印度尼西亚也出现过。一名男子在采矿过程中发现了一块闪烁着奇异色彩的石头，谁知过了几天，这名男子的眼睛开始不断流泪，到医院诊治才发现，原来眼睛受到强烈的射线辐射。

神奇的三生石

浙江省西湖的三生石

浙江省杭州市西湖边上有一块三生石，这块三生石是一块样貌奇特的巨石，在与飞来峰相连接的莲花峰东麓，是"西湖十六遗迹"之一。该石高约10米，宽2米多，峭拔玲珑。

石上刻有"三生石"3个碗口大小的篆书，及唐代圆泽和尚的

《三生石迹》的碑文，记述三生石之由来。石上多唐、宋时的题词石刻，大多已无法辨认。

山东省九仙山的三生石

　　山东省曲阜市九仙山上也有一块三生石，这块三生石位于曲阜城北20千米的九仙山上。传说此山乃掌管人间缘分的"缘池仙翁"的养道修行之圣地，历朝历代都设坛焚香敬奉，现存碑记可见。

　　1778年和1812年，地方政府曾多次投资复修"缘池仙洞"，直至新中国成立初期还有出家人管理。缘池仙洞东南数千米处有一凌空屹立的巨石，有数米之高，上写"三生石"。传说这里是缘池仙翁洞察人间男女，并安排有情人相遇的地方。后人因此把三生石当成姻缘的象征，认为它能够锁定前生、今生及来生的幸福姻缘。

三生石的质地

三生石是一种泥质石灰岩，有褐红、玄黄、土黄等几种颜色，其质地、文理精腻，通体坚硬。

山体前面的三生石为褐红色，称为三生石阳石，经打磨抛光之后可现类似木纹的图案或黑点图案；而山背面的石头多呈玄黄色或土黄色，被称为三生石阴石，阴石也有黑色的天然画面装点。

大块儿三生石经打磨后可构成高山流瀑、古木枯枝、飞禽

走兽、风流人物等图案，清晰逼真，各得其妙，有水墨画的清高淡雅。

三生石中含有朱砂、石英、方解石、辉锑矿、地开石、高岭石等成分，涵盖了40多种有益于人体的微量元素和矿物质以及人体所必需的钙、镁、锌、铬、锶、硒等20多种抗衰老元素；有奇异的能量场，作用于人体皮肤表面可产生极远的红外辐射，其频带极宽，摩擦人体可使人感到非常舒服。

此外，三生石在佩戴过程中 还能产生有益于身体健康的超声波脉冲，其性能甚至优于一般的玉石。

三生石的神话传说

我国古代人认为，万物有灵，人既有属于物质的肉身，又有超离物质肉身的魂魄，即三魂七魄。凡人大限及至，魂魄离体，之后就会在地狱使者鬼差的带领下进入鬼门关，走过黄泉路，到了奈何桥，就会看到一块名叫"三生石"的石头。

在神话传说中，每个人的前世今生、因果轮回、缘起缘灭的故事都被重重地刻在了这块三生石上，因而它就能映照出每个人前世今生的模样。

这块名叫"三生石"的石头千百年来一直伫立在奈何桥边，张望着地狱中那些准备喝下孟婆汤，然后轮回投胎的人。它在无言之中见证了无数人的苦与乐，看惯了多少人的悲与喜，听过了多少人的笑与啼。可以说，它是无数世俗之人的生死见证，是一个大智若愚的智慧的化身。

三生石的传说如此美妙，但究其本质也属虚幻之说。从哲学

的角度来看，关于三生石的传说，其实是反映了中国人对于生命永恒和真性不朽的看法。

而正是透过这种轮回与转世的观念，中国人建立了深刻的伦理、生命，乃至于宇宙永恒发展变化的理念。

延 伸 阅 读

三生石可以和女娲补天所剩下的那一块顽石相媲美，后来发展成中国人对生前与后世的信念。不但许多朋友以三生石作为肝胆相照的依据，很多的情侣还在三生石上写下他们的誓言，"缘定三生"就是这样来的。

会呼吸的奇风洞

奇风洞在什么地方

奇风洞位于云南省昆明市石林西北5000米处，在北大村与水塘铺的交界点，马鞍山东侧的一片石林奇峰间。石林风景区是我国的岩溶地貌，也称喀斯特地貌，比较集中的地区石林面积达400平方千米。

景区由大、小石林，乃古石林，大叠水，长湖，月湖，芝云洞，奇风洞7个风景片区组成。

其中，石林的像生石数量多，景观价值高，举世罕见。

石林奇峰造型迥异，各具特色：有的像撒尼人火把节时点燃的火把，有的像冰清玉洁的雪莲，有的像鲜嫩可爱的蘑菇，甚是壮观。

奇风洞是石林的著名景区之一。在石峰下的庄稼地里有一直径为1米宽的小洞。这个毫不起眼儿的小洞就是奇风洞。

奇风洞是石林风景区众多溶洞中最为奇特的一个，洞旁边有一巨石突兀独立，像一护卫奇风洞的卫士。

奇风洞不以钟乳石的怪异出名，而是因其会像人一样呼吸而引起人们的关注，所以也称为"会呼吸的洞"。

奇风洞奇怪的现象

每年雨季，当大地吸收了大量的雨水，干涸的小河再次响起淙淙的流水声时，奇风洞也开始吹风、吸风，发出"呼——扑，呼——扑"的喘息声，像一头疲倦的老牛在喘粗气。

要是有人故意用泥巴封住洞口，它也毫不费力地把泥巴吹开，照样自由自在地呼吸。

奇风洞吹风时，安静的大地会突然间尘土飞扬，并伴有"哗哗"的流水之声，似乎洞中随时都可能涌出洪水巨流。定眼窥视，却不见一滴水。

风量大时，使人有置身于狂风之中，有暴雨即将来临之感。有人就地扯些干草柴枝，放在洞前点燃。只见洞中吹出的风把火苗产生的浓烟吹得漫天而飞，足有两三米高。持续两分钟后火势渐弱。暂停了十多分钟后，洞口的火苗的浓烟突然进入洞中。

这样一吹一吸，循环往复，像一个高明的魔术师在玩七窍喷火的把戏。

奇风洞的另一奇观

虹吸泉位于奇风洞景区的最低点，它又是自然的另一奇观。清澈透明的地下河水从洞口汩汩而出后，注入了一个落水洞。

随着河水的流淌，洞中的水位也逐渐上升，升高到1米至2米时，水位突然下降，并伴有雷鸣般的排水声。

三四分钟后一切恢复原状，接着水位又逐渐上升。循环往复，约每二三十分钟重复一次。

奇风洞是如何形成的

奇风洞的这些奇观是怎样形成的呢？

原来，奇风洞所在的地区为一种石灰岩岩溶地貌。在奇风洞之东约100米处有一条山沟，沟内有一个石灰岩受溶蚀形成的落水井。

山上有一股清泉长年从上游缓缓流入井中，并从井底的裂隙中又流入地下暗河。

当泉水的水量充沛时，因井底裂隙的排水能力有限，水井中的水便逐渐上涨。

　　由于此落水井的井壁上有裂隙，而且向上拱曲之后再缓缓落入地下暗河，奇风洞的洞隙向下倾斜与此裂隙相通。因此，当落水井的泉水上升到一定程度，即水流入井壁的裂隙，水位达到裂隙的拱曲最高点时，便产生了虹吸现象。

　　也就是说，水沿着井壁裂隙通道流到暗河。与此同时，急速的水流发出了"哗哗"的响声，郁积在弯道中的空气受到流水的推压，从奇风洞喷出。

　　当落水井的水因被大量抽走而急剧下降至井壁裂缝时，空气便重新进入弯道产生回风。

　　总之，奇风洞的现象是一种虹吸现象。

事实上，奇风洞、虹吸泉和暗河是相互作用的，如果山脚的小溪中没有流水，奇风洞就不会呼吸；反之，若小溪的流量太大，淹过暗河，奇风洞也不会呼吸。

因此，奇风洞的呼吸现象并不是一年四季都有的，而是只有在夏秋季节的雨季才能看到的奇观。

延 伸 阅 读

岩溶地貌是具有溶蚀力的水对可溶性岩石进行溶蚀等作用所形成的地表和地下形态的总称，又称喀斯特地貌。除溶蚀作用以外，还包括流水的冲蚀、潜蚀，以及坍陷等机械侵蚀过程。

奇特的火龙洞

火龙洞的形态

　　火龙洞位于新疆伊犁地区伊宁市西北19千米，惠远镇东北约15千米的界梁子处。火龙洞地下的煤海能自燃，常年有热气从山体断裂的缝隙中喷出，含有大量硫黄、水晶、白矾等多种矿物质。在晴朗无云的天气里，山头上总是悠悠忽忽地飘着团团白

云，四季不断，因而有了"白云山"之名。另外，火龙洞还是一个温度特别高的洞穴。

火龙洞的历史传说

传说150多年前，在白云山上的许多裂缝中散发出缕缕烟雾。有一些过路的歇息者有意无意地往有热气的洞穴里钻。

人们进入洞穴后，不仅解了乏，取了暖，而且惊奇地发现自身的陈年痼疾竟烟消云散。于是，有关热气洞穴的神奇、迷离、纷乱的传说不胫而走，而且越传越神。这就是伊犁独特而神奇的火龙洞。

火龙洞的神秘之处

火龙洞是地下煤田自燃而形成的地热资源。它从断裂的缝隙中溢出，含有多种矿物质，能治疗多种疾病。火龙洞确实使人感到神秘奇特：有的洞使人只有一种暖融融的感觉，有的洞竟然有种看不见的气体薰蒸着人，有的洞散出缥缈的云雾，有的洞散发出的蒸气还夹杂着冰凉的水点。由于煤层自燃的缘故，附近岩层呈现褐红、橘黄、灰白等色泽，外观呈现以红色为主的彩色条带，地表植被稀少。

火龙洞终年不散的云彩

火龙洞还有一奇观，就是在火龙洞上空人们能看见终年不散的云彩。据考证，这种云彩与位于山腰的火龙洞有密切的关系。据调查，该地共有火龙洞17座，但它们各不相同。有的洞内温度高达100摄氏度。

只要一走进洞口，你就会觉得热浪逼人，即使体质再好的人也很难在这里坚持1个小时。火龙洞除了温度的不同之外，还有

旱湿也不同。其中湿洞是一种洞中充溢着湿漉漉的高温蒸气的洞穴。凡是进入这种湿洞的人便会顿时浑身湿透，分不清是水蒸气还是汗水。火龙洞这种湿热蒸腾的气体不断上升，就变成了这一地区缕缕不绝的雾气云彩。

延 伸 阅 读

　　火龙洞的不同洞穴虽同属一个山体，但温度、湿度均不相同，再加上这些喷气中含有硫黄、白矾、二氧化硅等物质，性能、功效各异。有的能够治疗妇科疾病，有的能治关节炎，有的能治眼疾耳病，有的能治高血压。

银狐洞谜团

银狐洞景观

　　1991年7月1日，距北京70千米的西南房山区佛子庄乡下英水村，人们在采煤掘进岩石巷道时巧遇溶洞，即今日已正式对外开放的银狐洞。该洞深入地下100多米，主洞、支洞、水洞、旱洞，季节河、地下河、洞连洞、洞套洞，纵横交错，上下贯通。

　　银狐洞内既有一般的洞穴中常见的卷曲石、壁流石、石珍珠、石葡萄、石瀑布、石枝、石花、石蘑、石幔、石盾、石旗、穴珠、鹅管等，还有一般的洞穴中少见的云盆、石钟、大型边槽石坝、仙田晶花、方解石晶体。中国科学院地质研究所的专家学者一致认为，这是我国北方最好的溶洞。

洞内奇怪形状的晶体

　　银狐洞内的石花数量惊人，形状奇异。在洞顶、洞壁以及支洞深处的仙田里，菊花状、松柏枝叶态、刺猬样的石花密布。为何唯独此洞石花如此之多？没人能够说得清。

　　在一个人必须四肢贴地才能钻进去的小洞口，沿狭窄的洞壁前行十多米，是三叉支洞的交汇处。此处，洞顶密布着大朵石菊花，洞底有个一米高的石台，一个长近两米，形似雪豹头、银狐身的大型晶体，从洞顶垂到洞底，通体如冰琢玉雕般洁白晶莹，并且布满了丝绒状的毛刺，密密麻麻，洁白纯净，毛刺一两寸长。

银狐洞的成因说法不一

北京市地矿局工程师认为，银狐洞是由于雾喷而后凝聚形成的。以国际洞穴联合会副秘书长为首的中国科学院地质研究所的一部分专家教授们则认为，丝绒般的毛状晶体是含有这种物质的水从内部通过毛细现象渗透到外部而形成的。

　　也就是说，前者持外部成因论，后者持内部成因论，究竟孰是孰非，可能两者都不是，而属第三种成因，目前还没人能说得清。有一位颇有名气的气功师光临银狐洞，进行发功测试，说此处的磁场异常强，远远超出其他地方。假若气功师所测可信，是否可以说银狐洞以及洞内的石花等溶蚀物都是强磁场所造成也未可知！银狐洞，一个真正的谜！

　　延　　伸　　阅　　读

　　银狐洞以大型晶体喀斯特岩溶奇观"猫头银狐"最为著名，享誉中外。银狐洞为世界上首次发现，被誉为自然奇观、中华国宝。

神奇古怪的井潭

能预报天气的井

　　湖南省洞口县竹市镇荷池村有一口长、宽分别为1.5米、深2米的正方形古石井。几百年来，人们饮用井水并没出现异常现象。

　　可是近年来，每逢下大雨的前一天井水就成了棕红色，并有

苦涩味，三四个小时后又会恢复原样。每次下雨前都这样，于是这口井被当地人称为"神奇的天气预报井"。

古鼎龙潭奏奇乐

广西融水县风景区之一的"古鼎龙潭"在1985年1月10日清晨6时突然响起锣鼓声、唢呐声，还有木鱼声。这些声音一直持续到当天晚上22时才停下来。

这种奇怪的现象一下子传开了，不到3小时，到古鼎龙潭来听奇乐的人多达7000多。当地老人说，"龙潭奏乐"这一奇异的自然现象曾在1953年秋天出现过一次。

虎啸潭

云南省建水县有"潭多如珠，河多如线"之称。距县城10000米之外的苟街有一个从地层深处迸发出来的喷泉。站在泉水边，只见水柱时起时落，发出令人心惊胆战的声音。传说这是潭底盘踞的黑龙在戏水呻吟。

虽然这是带有神话色彩的传说，但水底下为何会有苍莽回应的声音，至今仍是一个谜。

五颜六色的水池

在四川省松潘黄龙寺的宝顶山北侧有一条黄龙沟。黄龙沟内有成百上千个彩池，千姿百态，密布全沟。

这些彩池的面积都不太大，但是池内涌起的千万条微波在阳光的折射下，每一条微波就是一条

闪射着五颜六色的小彩带，它们铺就了五彩斑斓的池面，使得一池比一池晶莹、美丽。微风吹动，池内的波纹会变成一个个圆形的、菱形的五彩波圈。

到此观看的人都久久不愿离去，但这些彩池形成的原因却没有一个人能猜透。

延 伸 阅 读

云南省富源县老厂区押租乡黄草山老寨村边有个小水塘。自1959年至今，天再旱，水塘的水也不会干；雨再多，水也不会溢出塘外。但是，如用铜瓢舀水或在水塘边洗牛羊肉，水就会干。这些现象至今无法解释。

神秘的百慕大三角

恐怖的海域

百慕大三角是世界闻名的神秘海域，它地处北美佛罗里达半岛东南部，具体是指由百慕大群岛、迈阿密（美国）和圣胡安（波多黎各）三点连线形成的一个三角地带。几百年来，这里频繁出现离奇的海难事故和其他一些神奇的事件。人们把这个恐怖的海域称为"魔鬼三角"或"死亡三角"。

轮船的灾难地

1963年2月2日，美国"玛林·凯恩"号油船例行出航。这艘船上装配着现代化的导航仪器及先进的通讯设备。

在出航的第二天，船上的船员还向海港报告说："油船已正常地航行到北纬26度40分、西经73度的海面上。"然而谁也想不到，这却是"玛林·凯恩"号油船发出的最后一份报告，此后，这艘油船竟无声无息地失踪了，好像掉进了深洞里。事后相关部门派船去搜寻，海面上就连一滴油也未见到。

海底金字塔

1979年，美、法两国的科学家有了新的发现：他们在这个海区发现了一座金字塔，它高200米，底边长300米，塔尖与海面相距100米。塔身有两个巨洞，水流汹涌而过。有些科学家说，建造金字塔的原料可能是含铁的巨石。由于海浪冲击及地球磁场的长期作用，金字塔不断地被磁化，形成了一块巨大的永久性磁铁。当轮船经过这个海区时，不但仪表会失常，而且可能会被吸入海底。

飞机的坟场

令人恐惧的是飞机在这个海区上空飞行时也常常遭到莫名其妙的飞来横祸。在这里失事的飞机有的直至最后几分钟还同机场保持着正常的联系，它们几乎是在一瞬间消失的。有的飞机则在失事前发出了奇怪的报告，例如仪表突然失灵、天空发黄、晴天起雾、海上变得异常等。可是谁也没来得及提供更详细具体的情况，就无影无踪了。有人统计，从1840年至今，飞机在百慕大三角区神秘失踪的事件达100余起。

中尺度旋涡

　　自20世纪70年代以来，人们利用先进技术对百慕大三角区进行了一系列大规模的调查。发现该海域有许多旋涡，其半径为20千米至40千米。旋涡方向有顺时针，有逆时针，中心温度有冷有暖，中心海面有低有高。旋转速度从每秒几厘米至几十厘米，它们时隐时现，出没无常，寿命可达几个月。这就是所谓的"中尺度旋涡"。

　　当海洋中出现呈顺时针方向旋转的中尺度旋涡时，海水将从四周向中心辐聚。使旋涡中心海面高于四周，形成高出海面几百米的巨大的移动性"水山"。这种突如其来的巨大水山能吞噬所有航船。

　　当海洋中出现呈逆时针方向旋转的中尺度旋涡时，海水将向四周辐射。使旋涡中心海面低于四周，形成一个巨大的凹面镜，将光线反射在主轴焦点上。一个半径为500千米的凹面镜, 当太阳光入射角为60度至70度时, 其聚光点的直径在一米左右, 焦点处的温度可达几万摄氏度。不难设想, 飞机一旦进入焦点附近的上空, 顷刻之间就会被烧成灰烬。凹面镜聚光需要光源, 光源越强, 聚光效果越好, 焦点温度也就越高。这就是为什么飞机失踪常发生在万里晴空、海平如镜、风力不大的时候, 因为这些正是凹面镜反光、聚焦的良好条件。

中国魔鬼三角

在我国南海有一片神秘莫测、令世人恐惧的海域。这片海域西起香港, 东至台湾, 南至菲律宾吕宋岛, 面积约为10万平方千米。

自1979年以来, 这里不断出现航船失踪事件。令人百思不解的是, 这些航船失踪后, 人们竟未发现任何碎片、油迹或尸体。人们惊奇地发现, 这片海域的位置恰好与举世闻名的大西洋百慕

大魔鬼三角的位置遥遥相对。于是，南海"魔鬼三角"的称谓不胫而走。近年来，随着海洋物理学的发展，科学家们在大洋中发现了中尺度旋涡。南海岛屿众多，沿岸流、南海暖流、南海环流以及黑潮的汇聚都为旋涡的形成提供了条件。

延 伸 阅 读

　　一艘潜艇回到黑海的潜艇基地后，艇上的人员立即被飞机送往莫斯科的一个实验室接受专家检查，结果发现他们明显地衰老了。科学家认为，可能存在着一个比地球时间快的时间隧道。

最大的水库与瀑布

最大的水库

塔里木盆地是我国第一大盆地，南有高耸的青藏高原，西有帕米尔高原，北有天山山脉。因为夏季风很难到达封闭的盆地，所以这里极度干旱，平均年降水量不足50毫米。然而，奇迹出现了，塔里木盆地的地下居然有巨大的天然水库。仅盆地西部的地下水库每年就可提供60亿立方米的优质水，相当于黄河1/8的流量。

这个发现对盆地石油开发来说无疑是一个大喜讯。

巨大水库的形成

塔里木盆地的巨大水库是如何形成的呢？

地下水主要是大气降水下渗积聚形成的。这就是说，从塔里木地区丰富的地下水可以推断，这里曾经有过一段气候湿润、降水丰富的时期。据考察，塔里木地区的地下水库是在漫长的地质时期中形成的。在30万年前，塔里木盆地和柴达木盆地都是一片海洋。后来这里的地壳被抬升成为陆地，但还是个降水比较丰富，草原和沼泽密布的湿润地带。塔里木地区在数万年的潮湿期里积聚了大量地下水。

尼亚加拉瀑布

构成了部分加拿大与美国的边境线，将纽约州与加拿大的安大略省分开的尼亚加拉河，从伊利湖向北流向安大略湖，全长将近48千米。这条河被草莓岛和格兰德岛劈开分成3段，头8000米只有一条河道。在格兰德岛后两个河道又合并到一起，再流过4800米就到了举世闻名的尼亚加拉瀑布。

尼亚加拉瀑布本身也被哥特岛分成两个部分。马蹄形瀑布高度接近48米，顶部宽度将近1000米。这个瀑布有700米在加拿大境内，而另外300米位于美国一侧。

大瀑布的成因

大瀑布的形成在于不寻常的地质构造。

在尼亚加拉峡谷中，岩石层是接近水平面的，每英里仅下降6米至7米。非常坚硬的尼亚加拉大理石构成了岩石的顶层。松软的地质层很容易被水力侵蚀，它位于岩石层之下。

激流之所以从瀑布顶部的悬崖边缘笔直地飞泻而下，正是由于松软的地层上的那层坚硬的大理石地质所起的作用。

更新世时期，当巨大的大陆冰川后撤，大理石层暴露出来，被从伊利湖流来的洪流淹没，就形成了如今的尼亚加拉大瀑布。通过推算冰川后撤的速度，瀑布至少在7000年前就形成了，最远则有可能在25000年前形成。

延 伸 阅 读

在100多万年前，塔里木盆地中并无沙漠，而是河湖众多、植物繁盛、气候湿润的绿洲。在地质时期，形成沙漠化过程的地质背景是第四纪新构造运动。新构造运动使得青藏地块大幅度隆起，由此大范围地改变了青藏高原本身的气候特点和塔里木盆地的大气环流格局。

神农架鬼市之谜

史料记载

鬼市又叫山市、山中蜃景。清代的《兴山县志》对神农架的鬼市有生动的记载：

神农山为三邑界山，一名神农架。高寨，为三邑最幽深险阻，多猛兽，产白药。

　　1884年3月，兴山县远望神农积雪，询之，土人云：山上常8月雨雪，至明年6月始清；又常6月飞霜。久雨初霁，峰峦隐现，有如城郭村落，相传为山市；每岁元宵，中秋夜、除夕，时闻爆竹鼓角声；又常见大人迹。

　　在这段话中，"神农山"即神农架的最高峰——海拔3105.4米的神农顶峰；"大人迹"即传说中的野人的巨大足迹。《兴山县志》中描述的诡谲、奇异的山市，甚至在神农顶"时闻爆竹鼓角声"，给后世人留下了不解之谜。

何谓山市

《辞海》《辞源》中都未收录其名。在《汉语大词典》中，"山市"被诠释为"山中蜃景"，未予以详细说明。不过，在清代蒲松龄的《聊斋志异·山市》中却有这样的记载：

> 奂山山市，邑人景之地也。数年恒不一见。孙公子禹年，与同人饮楼上，忽见山头上孤塔耸起，高插青冥。相顾惊疑，念近中无此禅院。无何，见宫殿数十所，碧瓦飞甍，始悟为山市……又闻有早行者，见山上人烟市肆，与世无别，故又名鬼市。

可见，古人早已目睹过神农架鬼市的神采。自20世纪70年代以来，神农架以它扑朔迷离的野人、奇幻神秘的怪光蜚声海内

外。成群结队的游客带着美丽的幻想踏上这片奇异的土地，更多的人有幸目睹神农架鬼市的奇观。

鬼市究竟是怎样形成的

神农架地处中纬度北亚热带季风区，受大气环流控制，气温偏凉并且多雨，并随海拔的升高形成低山、中山、亚高山3个气候带，立体气候十分明显，"山脚盛夏山顶春，山麓艳秋山顶冰，赤橙黄绿看不够，春夏秋冬最难分"是林区气候的真实写照。

独特的地理环境和立体小气候使神农架成为我国南北植物种类的过渡区域和众多动物繁衍生息的交叉地带。

　　这里拥有当今世界北半球中纬度内陆地区唯一保存完好的亚热带森林生态系统，境内森林覆盖率达88%，保护区内达96%。

　　神农架有许多神奇的地质奇观。例如，在红花乡境内有一条潮水河，河水一日三涌，早、中、晚各涨潮一次，每次持续半小时。涨潮时，水色因季节不同而不同：干旱之季，水色混浊；梅雨之季，水色碧青。

　　宋洛乡里有一处水洞，只要洞外自然温度在28摄氏度以上时，洞内就开始结冰，山缝里的水沿洞壁渗出形成晶莹的冰帘，向下延伸可达十余米，滴在洞底的水则结成冰柱，形态多样，顶端一般呈蘑菇状，而且为空心。进入深秋时节，冰就开始融化，到了冬季，洞内温度就要高于洞外温度。

　　正如红花乡、宋洛乡的奇观一样，鬼市既不是所谓蛟龙、大蛤蜊之类的怪物喷云吐气而形成的，更不是什么妖魔鬼怪故意制造的，而是一种奇特罕见的光学现象，它是大自然的杰作。

　　当自然界的光线通过不同密度的空气层发生折射时，在空中或地面上便会显示出周围的景物。这样，人站在远处便能看到各种奇异的幻景。

　　此外，科学家们还按照不同影像的形态将蜃景分为上现蜃景，即正像，下现蜃景，即倒像，侧像蜃景，即斜像等多种；又根据海拔高低或地域的不同将蜃景分为山市，即鬼市，海市，即海市蜃楼等。

值得一提的是，海市多发生在海洋、海滨或沙漠之上，而山市则见于高山，尤其是名山之上，它比海市更复杂并且变化多端。在高耸云天的峭壁或峰峦绵延的山顶，人影憧憧，喧声鼎腾，来去无踪的山市让人疑神疑鬼，所以在民间人们称山市为鬼市。

根据对现有资料的分析，科学家指出：神农架是我国从古至今发现鬼市的海拔最高区，也是鬼市的多发区。

为什么大自然独独偏爱神农架，将那么多罕见的自然景观都赋予了它呢？

当我们自然而然地将鬼市与神农架的野人、麒麟、怪光以及奇洞异穴联系起来时，我们便会越发被它无穷的魅力所吸引。

只是，按照物理学原理，蜃景应当有形无声。然而，神农架

　　的鬼市奇就奇在让人有"时间爆竹鼓角声"的听闻。

　　宋代政治家、文学家欧阳修也曾亲耳听到过蜃景中传来的"车马人畜之声"，这又是怎么回事呢？对这种有声的蜃景，什么时候才能解释清楚呢？我们期待早日能够解开这一自然之谜。

　　延　伸　阅　读

　　古代人说是蛟龙、大蛤蜊之类的怪物喷云吐雾形成了"鬼市蜃景"，可现代科学相信这是一种光学原理，是光线在不同的空气层发生折射，投射到了空中或地面的景物里发生的特殊景象。

地下森林的奥秘

地下森林的位置

地下森林，又称"火山口原始森林"，和1200多平方千米的镜泊湖区被共同列为国家级自然保护区，位于黑龙江省牡丹江市境内，镜泊湖西北约50千米处，坐落在张广才岭东南坡的深山内，海拔1000米左右。

地下森林资源的概况

地下森林中蕴藏着丰富的植物资源，有红松、黄花落叶松、紫椴、水曲柳、黄菠萝等名贵木材，有人参、黄芪、三七、五味子等名贵药材，有木耳、榛蘑、蕨菜等名贵山珍。地下森林也有着丰富的动物资源。

据科学家考察得知，这里不仅有小动物出没，而且有马鹿、野猪、黑熊等大动物出没，甚至还有世所罕见的国家保护动物青羊出没，堪称"地下动物园"。

一路拾级而上，路旁长满了各类珍稀的树林植物，红松、白松、黄花柳、鱼鳞松、落叶松，还有名贵的紫椴、黄菠萝、水曲柳、胡桃楸等。

这些树木的年龄全部在百年以上，多则五六百年，树一般都有40多米高，最高的达100米，火山口的木材蓄积量很大，相当珍贵。

科学家的解释

　　沿着山路上行，登上火山顶时，眼前会突然出现一个个硕大的火山口。这些火山口由东北向西南分布，在长40000米、宽5000米的狭长形地带上共有10个。它们的直径在400米至550米之间，深在100米至200米之间。其中以3号火山口为最大，直径达550米，深达200米。据科学家考察得知，经千万年沧桑变化，大约10000年前的火山爆发形成了低陷的奇特罕见的"地下森林"，故称"火山口原始森林"。

地下森林形成的原因

　　关于地下森林的成因众说不一，但有一说颇近情理。此说认为，火山口的内壁岩石经过长期风化剥蚀，早与火山灰等物质一

起变为肥沃的土壤。而衔着各种植物种子飞越火山口的群鸟则成为天然播种者。如此日积月累，火山口的内壁上终于长满了树，形成了森林。

其环境的特殊性不仅使它成为美妙的风景区，而且成为中外科学家理想的科研基地。

延 伸 阅 读

镜泊湖是我国最大的典型的熔岩堰塞湖，是国家级重点风景名胜区，著名旅游、避暑和疗养胜地，位于黑龙江省东南部，距牡丹江市区110千米的群山中。湖区周围有火山群、熔岩台地等。地下森林与其比邻而居。

木乃伊恐龙现身

发现木乃伊恐龙

美国古生物学家在蒙大拿州的一座山上成功挖掘出了一具有史以来最完美的木乃伊恐龙。

和以前发掘的众多恐龙化石不同，该具木乃伊恐龙的化石骨骼上面完整地覆盖着各种软组织（医学上指肌肉、韧带等）。包括皮肤、鳞片、肌肉、脚趾，甚至连恐龙死前的最后一顿晚餐都完好无损地保存在胃里。

恐龙研究由此大飞跃

科学家们给该具嘴巴形似鸭嘴的木乃伊恐龙起了个绰号叫"莱昂纳多"。莱昂纳多死时已经三四岁了，接近于成年恐龙。

　　这具生活在7700万年前的木乃伊恐龙的发现，给考古学家们带来了意外而巨大的惊喜。

　　美国蒙大拿州菲利普斯博物馆古生物馆长耐特·莫菲说道："对古生物学家来说，如果能发现一个史前动物的完整标本，那种幸运不亚于赢得一笔巨额六合彩。发现这样一个完整的恐龙木乃伊，对古生物研究领域来说无异于从马车时代转化到了蒸汽机车时代，这在恐龙研究史上必将带来一次巨大的飞跃。"

它看上去就像在沉睡

　　科学家认为，莱昂纳多死时已经长成了7米长的青年恐龙，体重在1.5吨至2吨之间。当考古学家们发现它时，它的身上完整地覆盖着各种软组织，而在此前所有的恐龙化石发掘中，能够发现恐龙的鳞片和部分软组织的概率不到千分之一，尤其是它的皮肤，尽管时光已过去了7700万年，但莱昂纳多的皮肤看上去仍旧完好无损。

参加发掘的考古学家说，它看上去就像在沉睡。

胃中有40余种史前花粉

莱昂纳多最后的晚餐内容可真是丰富，科学家们从它的胃中发现了大量的蕨类食物：一些针叶树的叶子、一些古玉兰类的植物，此外科学家们还在它的胃里发现了至少40多种早已灭绝的史前植物的花粉。

恐龙成了木乃伊

考古专家对于木乃伊恐龙的形成过程存在着不同的看法：一部分专家认为莱昂纳多在变成化石之前全身已经先被风干成为天然的标本，从而避免了尸体腐化的过程。

然而，朱迪思河恐龙研究协会和美国菲利普斯博物馆的专

家却不这么认为："我们认为莱昂纳多在7700万年前被埋在了潮湿的河沙底下，是当时特殊的地理环境和水分中的化学物质避免了莱昂纳多尸体的腐烂，直至它随着时光流逝变成完美的木乃伊化石。恐龙胃中的植物花粉也证明了当时尸体周围的环境并不干燥。"

延伸阅读

恐龙的种类多，体型和习性相差也大。其中个子大的可以有几十头大象加起来那么大，小的却跟一只鸡差不多。就食性来说，恐龙有温驯的素食者——光吃植物的恐龙，和凶暴的肉食者——只吃动物的恐龙，还有荤素都吃的杂食性恐龙。

怒吼的喀拉喀托火山

1883年的火山爆发

喀拉喀托火山在1883年的大爆发震动了世界。其强大的爆炸力相当于投掷在日本广岛的原子弹的100万倍，爆发产生的轰鸣声远在3000千米以外的澳大利亚都能听到。

这次大爆炸使原喀拉喀托火山在水上的约30平方千米的土地

陷落到了水下。这次爆发引起了强烈的地震和海啸，激起的狂浪高达20米至40米，超过10层楼高。致使海水侵入到爪哇和苏门答腊岛内地，摧毁了295个村镇，夺去了约50000人的生命。

地震和海啸引起的狂浪冲出海峡，冲毁了印度加尔各答和澳大利亚帕斯等大海港，甚至冲到了南非好望角等地以及西欧海岸。据说狂浪从喀拉喀托冲出，到达西欧海岸时全程只用了32小时，在此期间，汹涌的狂浪共沉没了约6500艘船舰。这次大爆发历时99天。在火山爆发期间，其喷发物散落到半径约为237千米的范围内，在喀拉喀托周围74千米至93千米距离内的岛屿均遭到了灼热喷发物的侵袭。有人形容这次大爆发是"声震一万里，灰撒三大洋"。

喀拉喀托火山状况

喀拉喀托火山位于沿着印度板块、澳大利亚板块和欧亚大陆板块的汇合处，即一条频繁的火山和地震活动带。在过去百万年以内的某个时候，这座火山是一座由火山岩流构成的圆锥形山体，火山锥从其底部在海平面以下300米耸起，突出于海面之上约1800米。

416年，山体顶部遭毁，形成直径约6000米的火山口或碗形凹地。火山口的一部分突出水面形成4座小岛，分别是位于西北的塞尔通岛，东北的朗岛和波利什哈特岛，南面的拉卡塔岛。

多年以后又形成3个新火山锥，并逐渐合成一座岛。这3个火山锥中最高的上升到海平面813米。

火山造成损失

喀拉喀托火山的爆发激起了一连串的海啸或地震波。据载，远至南美洲和夏威夷都发生了海啸。在最猛烈的喷发之后，最大的波浪高达37米，造成爪哇和苏门答腊的沿岸附近的几座城市约有36000人丧生。喀拉喀托岛群上的所有生物都被埋在厚厚的火山灰层之下。

延 伸 阅 读

1930年8月，喀拉喀托之子终于成为永久岛屿，自那以后一直是火山学家研究火山岛形成的对象。自1950年开始，该火山岛以每星期约0.13米的速率持续增高中。

猛烈爆发的埃特纳火山

爆发频繁的埃特纳火山

据文献记载，埃特纳火山已有500多次爆发历史，被称为"世界上喷发次数最多的火山"。它第一次已知的爆发是在公元前475年，距今已有2400多年的历史。最猛烈的爆发则是在1669年，持续了4个月之久。

自18世纪以来，火山爆发更加频繁，本世纪已喷发十余次。1950年至1951年，火山连续喷射了372天，喷出熔岩100万立方米，又摧毁了附近的几座城镇。

　　从1979年起，埃特纳火山的喷发活动持续了3年，其中1981年3月17日的喷发是近几十年来最猛烈的一次。从海拔2500米的东北部火山口喷出的熔岩夹杂着岩块、沙石、火山灰等，以每小时约1000米的速度向下倾泻，掩埋了数十公顷的树林和众多葡萄园，数百间房屋被摧毁。

　　2007年9月4日，埃特纳火山再次爆发，炽热的岩浆和浓黑的烟雾在夜晚非常耀眼，而山脚下就是当地的居民区和旅游景点。虽然看上去似乎对当地居民十分危险，但意大利当地政府部门仍然认为，火山爆发还不足以对当地居民的生活构成严重威胁，因此只是加强了对火山的严密监控。不过，当地的主要机场由于火山爆发造成能见度降低而被迫关闭。

　　此次火山喷发吸引了大量游客慕名前来观赏。

　　2011年5月12日，埃特纳火山又一次喷发。在喷发活动最剧烈的时间段内，距离火山数千米外的村镇的都能感受到房屋门窗的晃动。埃特纳火山锅型火山口内岩浆夹杂着火山灰冲天而起，引发的巨响在邻近的一些村镇也清晰可闻。

与此同时，四处弥漫的火山灰则飘落到了邻近的诸多区域。埃特纳火山所在的卡塔尼亚市的机场就是因为火山灰飘落到跑道上面而临时关闭。此次爆发一度引发了许多当地居民的恐慌，令他们以为末日来临。不过，据意大利相关机构的观察和分析，此次埃特纳火山的喷发只是一次常规性的活动，不会造成破坏性的后果。此后，喷发活动持续减缓，证明了预测的正确性。

埃特纳火山情况

埃特纳火山是欧洲最高的活火山。在意大利的西西里岛东岸，南距卡塔尼亚29千米，周长约160千米，喷发物质覆盖面积达1165平方千米。主要喷火口海拔3323米，直径500米，常有积雪。周围有200多个较小的火山锥，在剧烈活动期间，常流出大量熔岩。海拔1300米以上有林带与灌丛，500米以下栽有葡萄和柑橘

等果树。山麓上堆积着火山灰与熔岩，有集约化的农业。

埃特纳火山位于地中海火山带，是亚欧板块与印度洋板块的交界处。火山周围是西西里岛人口最稠密的地区。地质构造下层为古老的砂岩和石灰岩，上层为海成泥炭岩和黏土。

埃特纳火山下部是一个巨大的盾形火山，上部为300米高的火山渣锥，说明在其活动历史上喷发方式发生了变化。由于埃特纳火山处在几组断裂的交汇部位，一直活动频繁，是有史记载以来喷发历史最为悠久的火山。

近年来埃特纳火山一直处于活动状态，距火山几千米远就能看到火山上不断喷出的气体呈黄色和白色的烟雾状，并伴有蒸汽喷发的爆炸声。

埃特纳火山的价值

埃特纳火山虽然给当地人民的生命财产造成了巨大威胁，但居民们仍不愿离开故土。这是为什么呢？

　　这里面固然有原因，其深层的因素是火山虽然可怕，可其喷吐出来的火山灰铺积而成的肥沃土壤为农业生产提供了极为有利的条件。当地海拔900米以下的地区多已被垦殖，广布着葡萄园、橄榄林、柑橘种植园和栽培樱桃、苹果、榛树的果园。

　　由当地出产的葡萄酿成的葡萄酒远近闻名，使该地区成为人口稠密、经济兴旺的地区。

　　而在埃特纳火山海拔900米至1980米的地区为森林带，有栗树、山毛榉、栎树、松树、桦树等，为当地提供了大量的木材。

　　海拔1980米以上的地区则遍布着火山堆积物，只有稀疏的灌木。山顶还常有积雪。由于埃特纳火山是活火山，就是在停止喷发的休止期间，内部也处在持续的沸腾状态，火山口则始终冒着浓烟。每次火山爆发时，来自欧洲各国乃至世界各地的游客难以计数。

　　活火山的喷射奇景加上积雪的山峰、山坡的林带和山麓的果

园、葡萄园和橘子林，给当地的旅游业增添了活力，使其从事旅游业的劳动力达到了30万人。

　　为了便于游览，当地于20世纪60年代就在火山上建立起盘山公路和缆车，其中长4000米左右的缆车的终点距主要火山口很近，能够极大地满足游客的需要。

延　伸　阅　读

　　正在喷发和预期可能再次喷发的火山称为"活火山"。而那些休眠火山虽然是活的，但不是现在就要喷发，而在将来可能再次喷发的火山也可称为活火山。那些最后一次喷发距今已很久远，并被证明在可预见的将来不会发生喷发的火山，称为"熄灭的火山"或"死火山"。

被岩浆淹没的圣皮埃尔

地理位置

　　培雷火山位于加勒比海东部、西印度群岛的马提尼克岛北部，高1350米，为全岛最高峰，因顶部为光秃的熔岩而得名。它是东加勒比海诸岛中活动最频繁的活火山之一。1792年、1851年

曾有小规模喷发。

　　1902年5月8日，培雷火山猛烈喷发。靠火山之南6000米的圣皮埃尔全城被毁，全城30000名居民几乎全部丧生。同年8月30日培雷火山继续喷发，又毁灭了两个村镇。

　　培雷火山山坡平缓，覆有茂密的森林，山麓土壤肥沃。培雷火山是穹形火山的典型代表，年龄已达30万年。它是由中酸性熔岩及火山碎屑组成的层状火山。

火山爆发概述

　　1902年4月下旬，位于圣皮埃尔港旁边的培雷山不时地吐出缕缕烟雾，空气中弥漫着少许的硫黄味，从天空中飘落的灰烬越来越多。

开始时，人们并没有太多的惊慌，但随着地下传来一阵紧似一阵的轰鸣和地面的颤动，人们开始害怕了，也意识到身边的培雷火山大概要发怒。

5月8日，山上的爆炸声仿佛连天的炮火，震耳欲聋。一股股浓烟夹杂着炽热的岩浆和石块冲天而起。天突然暗下来，伸手不见五指，大地剧烈地晃动着。

从火山口喷出的炽热岩浆带着令人恐怖的啸叫声向周围溢流着。一次次的爆炸在火山口处形成一个巨大的缺口，其方向正好朝着圣皮埃尔城。

顷刻之间，岩浆、石块夹杂着浓烈的烟尘铺天盖地地向城区涌来。只见雄伟的教堂和一幢幢房屋像积木一样倒下去，永远熔铸在岩浆当中。

　　在很短的时间内，整个圣皮埃尔城就被岩浆吞噬。这场突如其来的灾难使城中30000余人丧生，幸存者寥寥无几。

培雷火山大爆发的影响

　　培雷火山爆发后，圣皮埃尔毁灭了，马提尼克的首府被迁到了法兰西堡。废墟旁边另建了一座同名的城市，有人口6000人。

城里设有地质实验室和火山学博物馆，废墟成了最好的展览品。

　　培雷火山喷发对人类的伤害如此骇人听闻，以致政府曾计划立刻让所有人员完全撤离该岛，但后来没有这样做。今天马提尼克岛有32.7万人口，大约是火山喷发前人口的两倍。

无法解开的谜

　　令人不解的是，人们从火山毁灭的废墟中发掘出来的动物只有一只猫的尸体，其他动物到哪里去了？

　　原来，早在爆发前一个月，鸟兽大都远走高飞。这一年，候鸟不再来休憩，而是径直飞向南美洲。岛上的留鸟在火山爆发前

发出震耳的鼓噪声，纷纷离岛飞去。草丛中的蛇也纷纷远走，野生动物都离开了火山，去向不明。

动物为什么能预报火山爆发呢？可能是动物对超声波、微小振动和红外线有灵敏的感觉，但其中真正的原因目前还是个谜。

延 伸 阅 读

培雷火山是座活火山，1753年，当圣皮埃尔在南麓略具城市雏形时就曾爆发过一次。此后时断时续，不时喷点儿烟火，这没有给居民带来什么灾难，反而为城市增添了奇异的景色。

印度河畔的古城废墟

挖掘古迹

1922年的一天，人们在印度旁遮普邦的印度河畔挖掘出一座面积约85万平方米，可以容得下数万居民的古城废墟。人们惊愕地发现：整座地市四周筑有雄伟、坚固的高大城墙；城墙上，每隔一段距离有一座方形城堡。城内住房大多是砖木结构的多层楼

房。住房之间道路畅通，主街道足有10米宽。街道旁边的人行道上，一根根路灯杆子像侍卫一样直立在那里，房内都有倾倒垃圾和排放污水的通道。这些通道从楼上到楼下，再通入地下。考古学家发现，那一具具古尸都具有强烈的放射性。还有些因受过某种高温而形成的玻璃物质，七零八落地分散在古城的各个角落。

摩亨佐·达罗城市

摩亨佐·达罗，又称死丘，是印度河流域文明的重要城市，大约于公元前2600年建成，位于今天巴基斯坦的信德省。摩亨佐·达罗是世界上一个早期的古代城市，有"古代印度河流域文明的大都会"之称。

该段时期的其他古文明包括古埃及、米索不达美亚及克里特岛文明。摩亨佐·达罗考古遗址位于巴基斯坦南部的信德省拉尔卡纳县，靠近印度河右岸。

　　1980年联合国教科文组织将摩亨佐·达罗考古遗址作为文化遗产列入《世界遗产名录》。今巴基斯坦所在地区最早的文明是在肥沃的印度河流域发展起来的。到约公元前2500年时，这里已出现规模较大的城市，其中之一就是摩亨佐·达罗。

摩亨佐·达罗的突然毁灭

　　虽然摩亨佐·达罗的繁荣经历了漫长的几个世纪。然而，在历史学家的眼里也只能是一瞬间的过眼烟云。到了公元前18世纪中叶，哈拉帕文化突然衰落，印度河流域的很多地方遭到毁灭性

的打击，尤以摩亨佐·达罗为甚。

20世纪初，一个振奋人心的考古发现解开了长期以来历史学家为之争论不休的一个科学课题——谁是印度古代文明的主人？随着哈拉帕和摩亨佐·达罗古城的发现和发掘，迷雾终于拨开，历史以其无可辩驳的真实向世界宣布：是黑色皮肤的土著居民——达罗毗荼人创造了印度古代灿烂的文明，而不是入侵的雅利安人。印度河流域无愧是世界文明的发祥地之一。

摩亨佐·达罗毁灭的原因

有人设想，是由于城市内部发生剧烈的变革和斗争的结果。但是这种设想似乎缺少令人信服的科学证据。又有人认为雅利安人的入侵是导致这一毁灭过程的基本原因。

　　虽然有考古文献的佐证支持这一观点，如俾路支诸部落、临近伊朗的诸部落，或与印度河流域文明相近的周边各部落，很可能都先后参与了这一过程。

　　考古资料证明，他们确实入侵过这一地区。然而，究竟是哪个部落首先进入这一地区的呢？谁是这种"英雄行为"的创造者呢？通过科学家长期的探索与研究，这个历史之谜终于被解开。原来它是被一场特大的爆炸和大火毁灭的。巨大的爆炸力不仅使古城半径1000米以内所有建筑物被摧毁，而且使走在街上和待在家里的人和动物都遭到了毁灭性的杀戮。原来是自然灾害摧毁了这座繁荣而美丽的古代城市。

　　科学家证实，这种巨大的爆炸力来源于大气中电磁场和宇宙射线的双重作用。空气中非常活跃的化学微粒导致气溶胶的产

生，并迅速积聚占据了广阔的空间，形成大小不等的球体。

　　这种物理化学性球体有的被称为"冷球"，这是一种未曾燃烧的色暗不透明的黑色闪电；有的是一种发亮的球体，呈柠檬黄色或亮白色。

延　伸　阅　读

　　　　火山爆发是可怕的，意大利古城庞贝在火山爆发的瞬间凝固成了永恒。整座城市埋没在火山灰下，房屋、街道、居室、家具，甚至一位母亲保护孩子的姿势也凝固成了永恒塑像，令人感叹。